LA GROTTE DES DINOSAURES™

À LA POURSUITE DU VÉLOCIRAPTOR

REX STONE

Traduit par
FABIEN LE ROY

Illustré par
MIKE SPOOR

POCKET JEUNESSE

Avec des remerciements tout particuliers à Jane Clarke.

Pour Guy Macdonald, un véritable explorateur.

Titre original :
Dinosaur Cove – Catching The Speedy Thief
Publié pour la première fois en 2008 par Oxford University Press.

Loi n° 49-956 du 16 juillet 1949 sur les publications
destinées à la jeunesse : mai 2009.

ISBN 978-2-266-18260-7

FICHES TECHNIQUES

THÉO VIENT DE QUITTER LA VILLE POUR EMMÉNAGER DANS LE PHARE DE LA BAIE DES DINOSAURES. SON PAPA A PRÉVU D'Y OUVRIR UN MUSÉE CONSACRÉ AUX DINOSAURES. EN PARTANT À LA CHASSE AUX FOSSILES DANS LES FALAISES QUI DOMINENT LA PLAGE, THÉO RENCONTRE QUENTIN, UN GARÇON DE SON ÂGE. TOUS DEUX VONT DÉCOUVRIR UN SECRET ÉPOUSTOUFLANT : UN MONDE CACHÉ, PEUPLÉ DE DINOSAURES BEL ET BIEN VIVANTS ! CERTAINS D'ENTRE EUX SONT GENTILS, MAIS IL Y EN A D'AUTRES, BEAUCOUP PLUS FÉROCES ET... AFFAMÉS !

THÉO

L'œil de Théo

- NOM : THÉO GIRARD
- ÂGE : 8 ANS
- TAILLE : 1 QUENTHÉO*
- VITESSE MAX. : 10 KM/H
- AIME : FAIRE LA CHASSE AUX FOSSILES ET APPRENDRE LES SECRETS DES DINOS
- N'AIME PAS : RESTER ENFERMÉ À LA MAISON

Le pied de Théo

La main de Théo

* 1 QUENTHÉO EST ÉGAL À LA TAILLE ET AU POIDS DE QUENTIN OU DE THÉO, SOIT 1,25 M ET 27 KG.

QUENTIN

- NOM : QUENTIN LE CAM
- ÂGE : 8 ANS
- TAILLE : 1 QUENTHÉO
- VITESSE MAX. : 10 KM/H
- AIME : SUIVRE LES TRACES D'ANIMAUX ET EXPLORER LA NATURE
- N'AIME PAS : LES JOURS DE PLUIE

L'œil de Quentin

La main de Quentin

WANNA

- NOM : WANNANOSAURE
- ÂGE : 65-80 MILLIONS D'ANNÉES*
- TAILLE : MOINS DE UN QUENTHÉO
- VITESSE MAX. : 50 KM/H, SURTOUT S'IL EST POURSUIVI PAR UN T-REX
- AIME : SE RÉGALER DES FRUITS PUANTS DU GINKGO ET DONNER DES COUPS DE TÊTE AUX ARBRES
- N'AIME PAS : LES DINOS MÉCHANTS

Tête

Pied

* LES SCIENTIFIQUES APPELLENT CETTE PÉRIODE LE CRÉTACÉ SUPÉRIEUR.

VÉLOCIRAPTOR

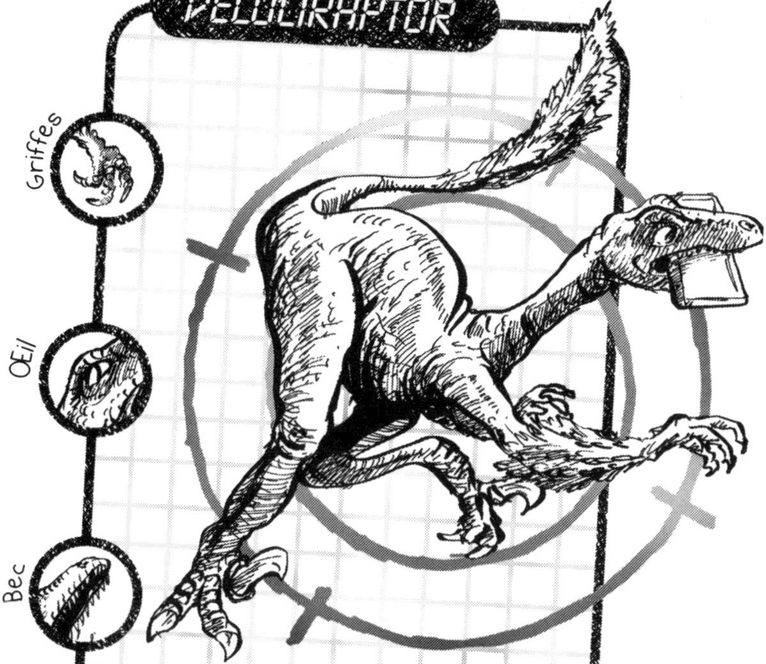

- NOM : VÉLOCIRAPTOR
- ÂGE : 65-80 MILLIONS D'ANNÉES
- TAILLE : MOINS DE UN QUENTHÉO
- LONGUEUR : 1,5 QUENTHÉO
- POIDS : 1 QUENTHÉO
- VITESSE MAX. : 56 KM/H
- AIME : JOUER AVEC SA NOURRITURE ET VOLER DES OBJETS BRILLANTS
- N'AIME PAS : LES CHOSES QUI S'ENFUIENT

LA BAIE DES DINOSAURES
Village
Marina
Cap du Phare

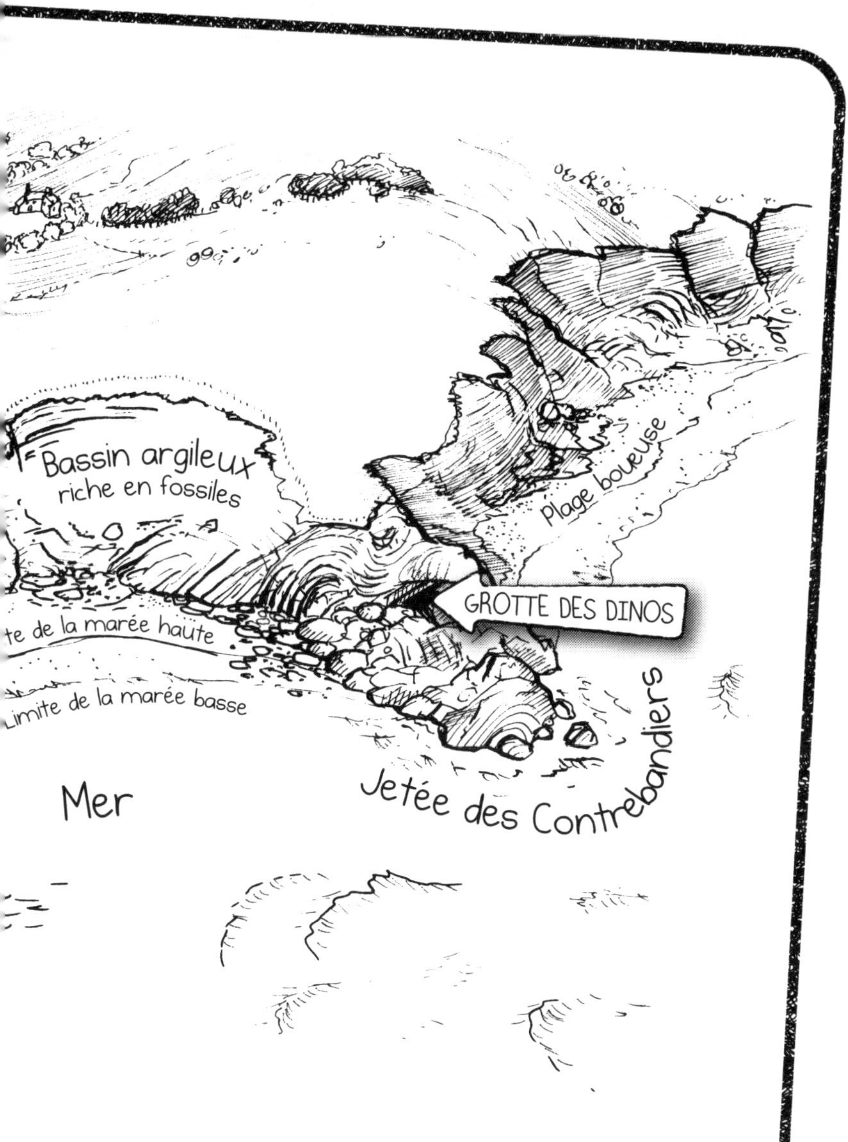

Bassin argileux
riche en fossiles
Plage boueuse
GROTTE DES DINOS
te de la marée haute
Limite de la marée basse
Mer
Jetée des Contrebandiers

— T'as vu ? C'est un poisson à plume !

Théo Girard avait sorti de la boîte à appâts de son grand-père un poisson métallique couleur arc-en-ciel et l'avait mis sous les yeux de Quentin.

Le leurre avait en effet un plumeau orange et rose à la place de la queue.

— À chaque poisson son appât ! expliqua Grand-Père en prenant le poisson multicolore. Voyons voir ! De quoi d'autre ai-je besoin ?

Il renversa un tas de filets de pêche, d'hameçons et de flotteurs sur le sol de la cuisine dans le phare.

— Qu'est-ce que c'est, ça ? demanda Théo en ramassant une bobine de fil en forme de « H », lesté de poids.

— T'en as jamais vu avant ? s'étonna Quentin. C'est une ligne pour le crabe !

— Comment peut-on attraper un crabe avec ça ?

— Facile ! Tu accroches un petit morceau de lard au bout, tu lances ta ligne, et quand le crabe mord à l'hameçon, tu le remontes.

— Super ! J'aimerais bien essayer.

— Le meilleur endroit pour pêcher le crabe, c'est vers le cap du Phare, à marée haute, dit Grand-Père en rangeant tout dans la boîte, sauf la ligne. Mais on a encore du temps devant nous avant que la marée monte. On peut s'y retrouver plus tard, quand j'aurai fini de pêcher des bars pour le dîner. Ça vous tente ?

— Génial ! s'écria Théo. Vivement la marée haute !

— Pas besoin d'attendre ici, lui chuchota Quentin. On peut aller s'entraîner au Lagon Brumeux, dans le monde des dinos !

Le monde des dinos était un secret jalousement gardé par Théo et Quentin : même Grand-Père ne connaissait pas l'existence de cet espace peuplé de dinosaures vivants !

— Bonne idée ! dit Théo en faisant un clin d'œil à son ami. On te rejoindra sur le cap plus tard, Grand-Père. À tout à l'heure !

— N'oubliez pas de prendre des appâts et un seau, les enfants, souffla Grand-Père, qui s'était baissé pour enfiler ses bottes en caoutchouc. Et, au fait, je vous ai préparé des sandwichs, servez-vous dans le frigo. Amusez-vous bien !

— Compte sur nous ! dit Théo tandis que son grand-père se dirigeait vers la porte.

Dès qu'il fut sorti, Quentin attrapa le seau.

— N'oublie pas le fossilomètre, rappela-t-il à Théo.

— Il est déjà dans mon sac, lança Théo.

Il y ajouta les sandwichs à la sauce piquante, emballa des morceaux de lard dans du papier aluminium et prit la ligne à crabe.

— Allons-y !

Les garçons dévalèrent l'escalier et traversèrent en trombe le musée installé au rez-de-chaussée par le papa de Théo. Celui-ci était justement en train

de coller une étiquette sous le crâne d'un tricératops.

— Les préparatifs avancent bien, monsieur Girard ? demanda Quentin en ralentissant un peu.

— Comme sur des roulettes ! Tant mieux, l'inauguration approche à grands pas, répondit le papa de Théo.

— Bon, ben, alors, à plus tard ! Nous, on va à la pêche aux crabes, annonça Théo en contournant la grande maquette du Crétacé supérieur.

Une fois sortis du phare, les deux amis piquèrent un sprint sur le chemin qui menait à leur grotte secrète. Ils s'arrêtèrent quelques secondes au pied des gros rochers, en contrebas de la caverne, pour reprendre leur souffle.

Au prix d'un dernier effort, ils atteignirent la grotte des Contrebandiers et se glissèrent dans la deuxième chambre par l'étroit passage au fond.

— C'est mon endroit préféré dans le monde entier ! s'exclama Théo.

Son cœur se mit à battre la chamade dès qu'il posa le pied dans la première des cinq empreintes fossilisées menant chez les dinosaures.

— Un… deux… trois…

Théo compta ses pas à voix haute.

— Tu me suis, Quentin ?

— Bien sûr que oui ! dit Quentin, tout excité.

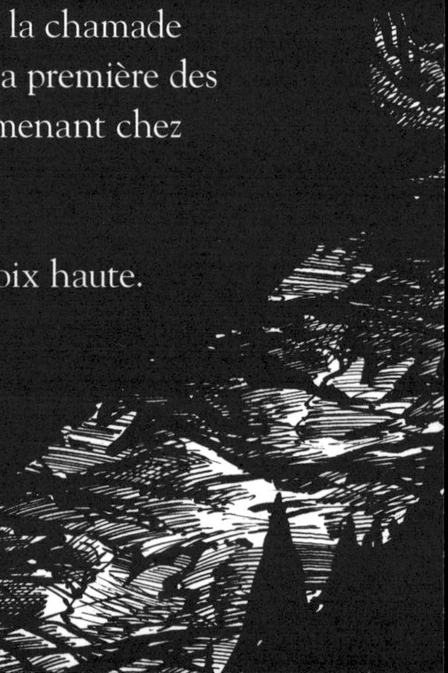

Je me demande ce qu'on va trouver cette fois...

— … Quatre !

Un rai de lumière apparut au centre de la paroi rocheuse.

— Et cinq !

Théo sentit sous son pied le sol spongieux du monde des dinos. Il inspira une grande goulée d'air humide saturé d'odeurs végétales, puis cligna des yeux, ébloui par le soleil.

— Youpi ! s'exclama Théo. On est de retour sur la colline du Ginkgo !

Il éclata de rire quand une langue râpeuse lui lécha la main.

— Alors, Wanna, prêt pour une nouvelle aventure ? demanda-t-il à leur ami dino.

Quentin avait déjà cueilli un fruit de ginkgo puant et le tendit à Wanna, qui l'avala en deux bouchées. Le jus malodorant dégoulina le long de sa mâchoire.

— On aurait dit qu'il nous attendait ! fit remarquer Quentin, ravi.

Théo, lui, était déjà parti à travers les arbres. Wanna et Quentin le suivirent, et bientôt le trio atteignit un promontoire qui dominait la vallée. Théo écarta les lianes, le cœur battant d'excitation.

La jungle, d'un vert émeraude, s'étendait sous leurs yeux émerveillés, noyée par endroits dans une brume de chaleur. L'air vibrait de bourdonnements d'insectes ; au loin résonnaient des hurlements de dinosaures.

— On a vraiment trouvé le meilleur terrain d'aventures de toute la planète ! déclara Théo, un large sourire aux lèvres.

— Le meilleur du système solaire ! renchérit Quentin.

— Et même de l'univers ! cria Théo.

Wanna lâcha un grognement d'approbation.

— On n'a pas beaucoup de temps avant la marée haute. Vite, allons voir ce qu'on peut pêcher dans le Lagon Brumeux !

Ils se mirent à dévaler la pente raide de la colline du Gingko.

— On n'a qu'à suivre le ruisseau, il coule jusqu'au lagon, suggéra Théo, une fois en bas.

Aussitôt ils sautèrent dans le lit peu profond du cours d'eau.

— C'est là qu'on a rencontré le T-Rex quand on est venus la première fois, dit Quentin en montrant un amas de rochers sur la berge.

Théo frissonna :

— J'oublierai jamais ses crocs énormes ! J'espère qu'il ne traîne pas dans les parages...

— Moi aussi ! lâcha Quentin en lançant des regards inquiets derrière eux. Allez, on accélère !

Ils coururent jusqu'à l'orée de la jungle ; Wanna bondissait joyeusement à leur suite. Ils débouchèrent sur une plage de sable fin, bordée de cocotiers, qui donnait sur le lagon aux eaux turquoise.

La main en visière, Théo observa la rive.

— À ton avis, c'est quoi, le meilleur endroit pour la pêche aux crabes préhistoriques ?

— Ils doivent vivre en eau profonde. Ça ne sert à rien de les chercher près du rivage.

— Peut-être là-bas ? proposa Théo, sur la berge.

Une langue rocheuse longue de plusieurs mètres, envahie de fougères, s'avançait dans l'eau tel un large plongeoir.

— Parfait ! déclara Quentin.

Ils longèrent au pas de course le lagon qui scintillait sous le soleil.

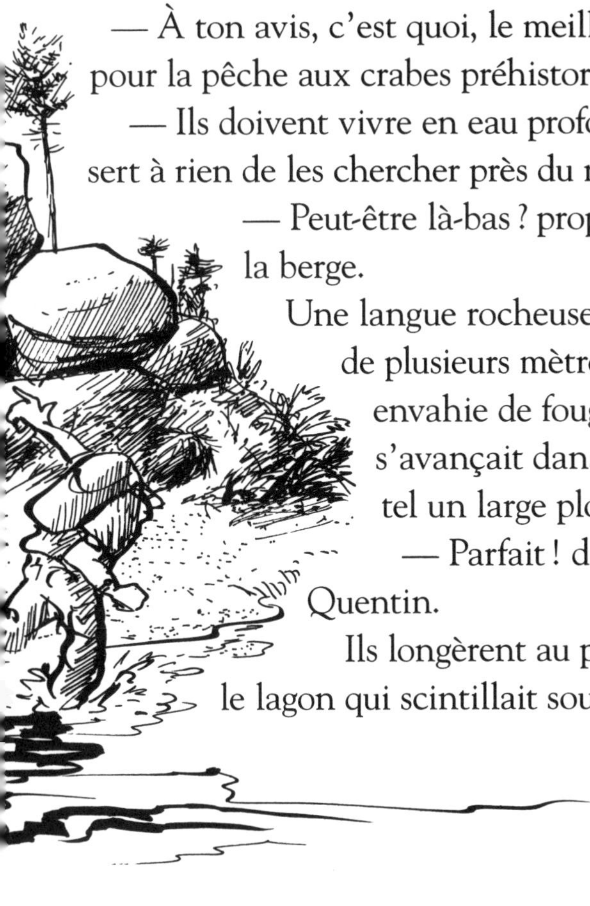

Quelques minutes plus tard, ils escaladaient l'amas de pierres en se frayant un passage à travers les plantes. Tout essoufflés, ils s'installèrent à l'extrémité. Théo posa son sac à l'ombre des hautes fougères.

— Quelle végétation ! On ne voit rien derrière nous, remarqua Quentin, l'air un peu soucieux. Espérons que Wanna nous préviendra en cas de danger... Mince, on a oublié de remplir le seau !

Il se glissa jusqu'en bas de leur perchoir. Quand il remonta, tout rouge et le seau plein, il lança :

— Allez, on prépare l'appât.

Théo s'agenouilla et fouilla dans son sac à la recherche du lard.

— Voilà de quoi les attirer ! s'écria-t-il.

Il passa à Quentin le petit paquet en papier alu et se mit à dérouler la ligne à crabe.

Wanna, qui se tenait à côté, jetait des regards gourmands sur le lard.

— Ah, non, Wanna, ce n'est pas pour toi ! l'avertit Quentin, qui avait repéré son manège.

Le temps qu'il se retourne pour prendre la ligne, la langue de Wanna jaillit.

Gak ! Gak ! Gak !

Le petit dinosaure recracha le morceau de lard en roulant des yeux avant de se jeter sur les pousses de fougères. Il les croqua, l'air outré, pour faire passer le goût de la viande.

— La gourmandise est un vilain défaut, rigola Théo. Je te rappelle que tu es un herbivore, Wanna.

Une fois l'appât bien accroché au bout de la ligne, Quentin montra à Théo comment tenir la bobine et dérouler la ligne avec précaution. Le fil coula progressivement jusqu'à ce que le poids en plomb et l'hameçon heurtent le fond du lagon.

— Et maintenant ! Je rembobine tout ? demanda Théo.

— Mais non, il faut être patient !

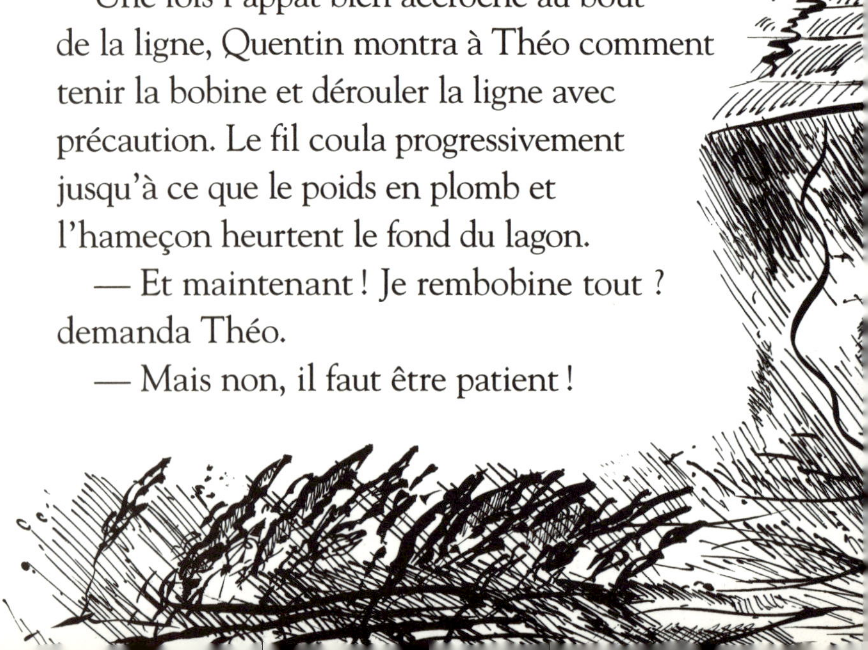

Tu sentiras un petit coup sec quand la proie aura mordu à l'hameçon.

— Et si c'est pas un crabe, mais une énorme anguille électrique ?

— Ou un thon préhistorique de dix tonnes ?

— Ou alors le monstre du Loch Ness, avec des crocs de cinq mètres de long ?

Tandis que les amis riaient de bon cœur, une bulle vint éclater à la surface de l'eau limpide.

Plop !

Théo se leva d'un bond, faisant sursauter Wanna, qui faillit renverser le seau.

Les garçons se figèrent... Par chance, aucune créature gigantesque ne leur sauta à la figure. Le lagon avait retrouvé sa tranquillité.

— Fausse alerte ! soupira Quentin avec soulagement.

Wanna, lui, s'était de nouveau rempli la bouche de fougères.

— Tiens, c'est une bonne idée ! dit Théo. On n'a qu'à déjeuner en attendant que ça morde.

— Super ! Je commence à avoir un petit creux.

Quentin sortit les sandwiches du sac de Théo et lui en tendit un.

— La sauce piquante de ton grand-père est trop top ! commenta Quentin, la bouche pleine. Même si elle arrache un peu, ajouta-t-il entre deux quintes de toux.

— C'est sûr qu'on sent les épices, acquiesça Théo avant de prendre une énorme bouchée.

Soudain, la ligne à crabes se tendit.

— Quelque fose a mordu à l'hamfon ! s'exclama Théo en crachant des miettes partout.

Il posa son sandwich sur la pierre et se mit à remonter la ligne aussi vite qu'il le pouvait. Quand le bout apparut, il n'y avait rien : ni crabes ni appât...

Quentin et Théo se penchèrent sur l'eau.

— Il a mangé le lard et il est parti, constata Théo, déçu.

— Ne t'en fais pas, on l'aura la prochaine fois, le consola Quentin.

Il détacha un autre petit morceau de couenne et l'accrocha à l'hameçon. Théo relança la ligne et s'assit pour reprendre son sandwich.

— Bé... Il est passé où, mon déjeuner ? lâcha-t-il en regardant autour de lui.

À cet instant, il entendit un bruissement de fougères derrière lui. Il se retourna juste à temps pour apercevoir une queue qui disparaissait dans les buissons.

— Reviens ici, Wanna ! Voleur de sandwich !

Théo s'empressa de passer le dérouleur à Quentin et se jeta dans le massif de fougères.

Un étrange cri lui parvint aux oreilles.

Ack ack ack !

— Wanna ? C'est toi ?

Les fougères s'écartèrent, et le petit dino apparut, secouant la tête et sautant sur place, les yeux exorbités. Il avait la langue pendante et poussait de petits gémissements.

Théo se retint de rire : la sauce piquante de Grand-Père faisait son effet.

— Bien fait pour toi ! s'écria-t-il. T'avais qu'à pas me piquer mon déjeuner !

— Théo ! Vite ! cria Quentin. On vient d'attraper quelque chose de GROS !

— Un, deux, trois… ON TIRE !

Théo et Quentin s'arc-boutèrent sur la ligne. Quentin faillit s'étrangler en découvrant leur prise.

— Ce crabe est énorme !

Le spécimen qui se balançait au bout de la ligne était le plus gros qu'il ait jamais vu. Sa carapace argentée avait la taille d'une grande assiette. Une fois que Quentin eut la ligne bien en main, Théo attrapa le seau.

Curieux, Wanna se rapprocha de l'étrange créature. Le crabe agita une pince colossale à quelques centimètres de la gueule du petit dino.

Groink !

Wanna fit un bond en arrière tandis que Quentin descendait doucement le monstre dans le seau.

— On a bien fait d'en prendre un grand, rigola Théo.

Pendant ce temps, le crustacé avait entrepris de découper le morceau de lard avec ses pinces pour le mettre dans sa bouche.

— Les crabes n'ont pas vraiment changé depuis la préhistoire, remarqua Quentin.

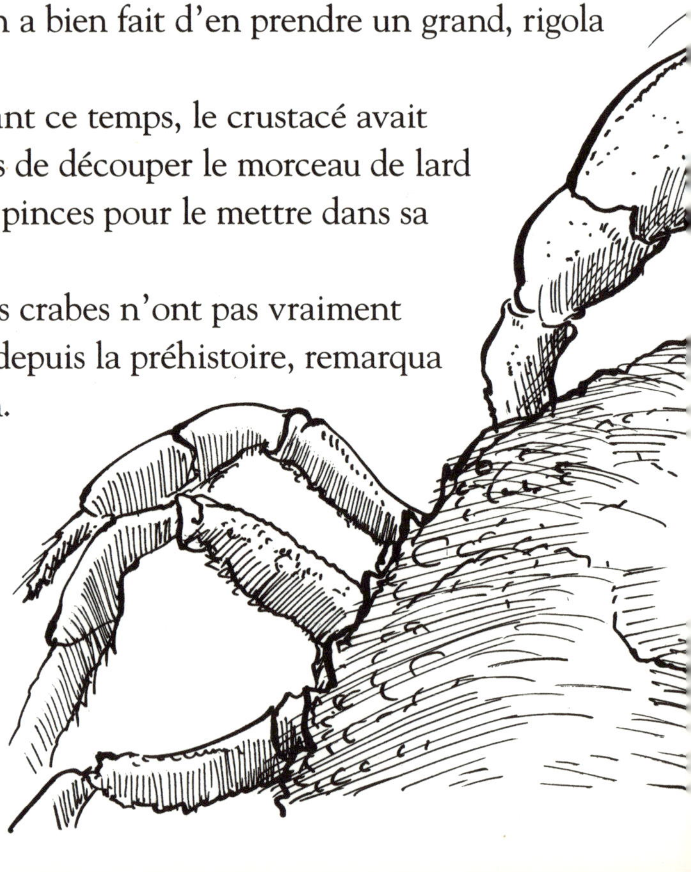

Théo sortit le fossilomètre de son sac et retira le cache. L'ordinateur de poche afficha le message *BONNE CHASSE* sur la page d'accueil. Théo tapa « *CRABE* ». « *LES CRABES N'ONT PRATIQUEMENT PAS ÉVOLUÉ DEPUIS LA PRÉHISTOIRE* », lut-il à voix haute.

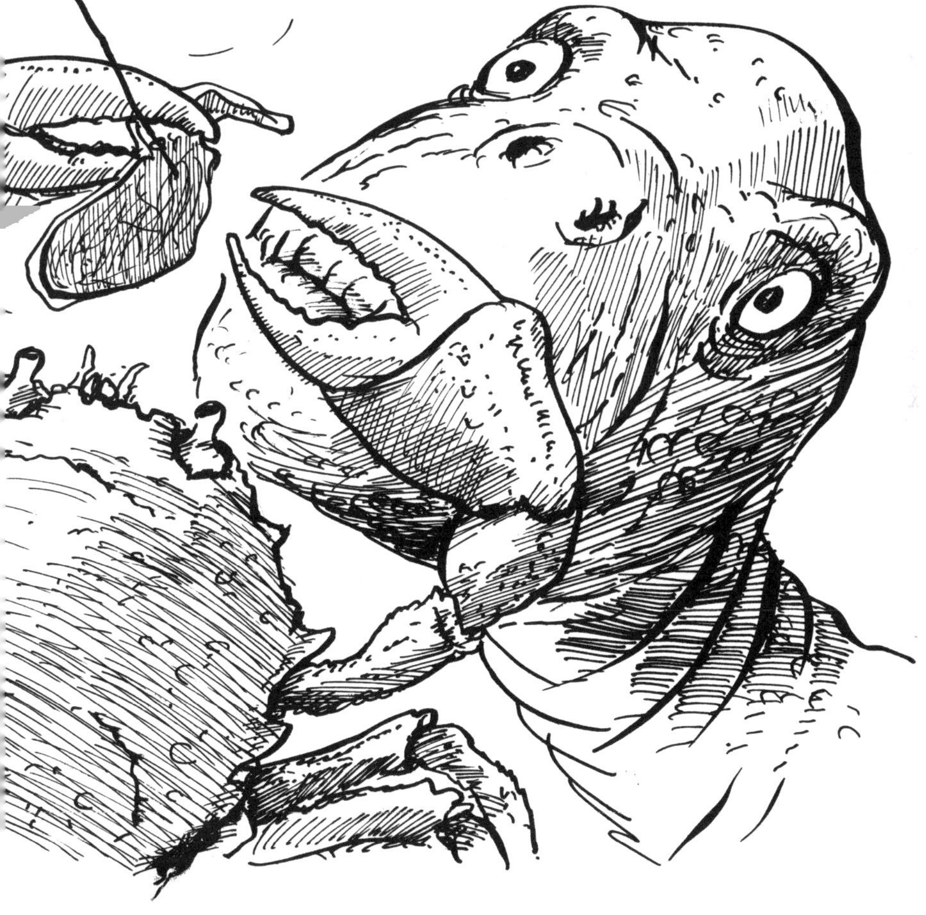

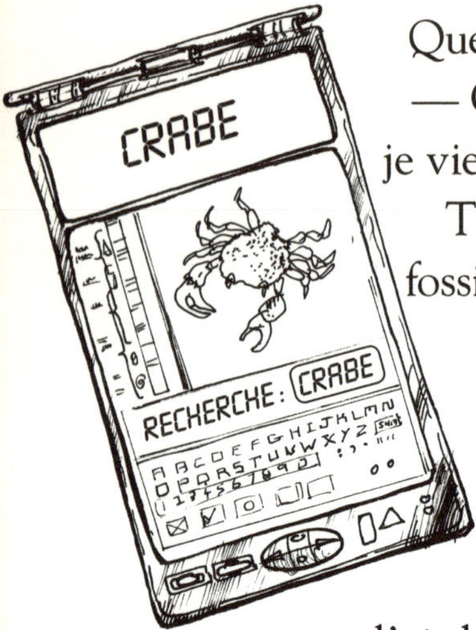

Quentin éclata de rire :

— C'est mot pour mot ce que je viens de dire !

Théo remit le cache du fossilomètre, puis posa l'appareil à plat sur la pierre.

— J'ai envie d'examiner ce dinocrabe de plus près, dit-il à Quentin. Tu m'aides à détacher l'hameçon ? La bête a l'air bien coincée dans le seau, elle ne devrait pas nous pincer !

Quentin maintint le seau en place pendant que Théo démêlait la ligne qui s'était entortillée dans les pattes du crabe.

Il était sur le point d'y arriver lorsqu'un bruissement se fit entendre derrière eux.

Ack ack ack !

Théo tourna la tête pour voir ce que c'était. Un dinosaure de la taille d'un gros dindon aux mâchoires garnies de crocs pointus jaillit des fourrés. Théo faillit en tomber à la renverse.

Vif comme l'éclair, le dinosaure se jeta sur le fossilomètre et l'attrapa dans sa gueule grande ouverte.

Ack ack ack ack ack ack ack !

Il fouetta l'air de sa longue queue à plumes orange et jaune, puis disparut dans les fougères aussi vite qu'il était apparu.

— C'était quoi ? souffla Quentin.

— C'ét-c'était… , bafouilla Théo, qui était devenu tout pâle, c'était un vélociraptor, et il vient de me piquer mon fossilomètre !

Quentin dévisagea son ami avec stupeur.

— Il faut à tout prix qu'on le récupère ! s'écria Théo en fourrant la ligne à crabes dans son sac.

Il se lança à la poursuite du raptor, qui détalait à toutes jambes à travers la végétation touffue. Une fois leur surprise passée, Quentin et Wanna se mirent à courir eux aussi.

— Il se dirige vers les montagnes du Bout de l'Horizon, dit Quentin lorsqu'ils sortirent enfin du massif de fougères. On n'a encore jamais exploré cette partie du monde des dinos !

— Et pourquoi tu emportes le crabe ? demanda Théo tandis qu'ils longeaient la rivière au petit trot.

Quentin regarda d'un air étonné le seau qu'il tenait toujours à la main :

— Je l'avais complètement oublié ! Tant pis, on le relâchera plus tard.

Entre-temps, le vélociraptor s'engagea dans un étroit passage entre deux parois rocheuses, où coulait un ruisseau.

— Attention ! On ne sait pas ce qui peut se cacher derrière ces rochers, dit Quentin.

— On va vite le découvrir, répondit Théo en mettant un pied dans le petit cours d'eau.

Il se faufila dans l'interstice en se déplaçant de côté comme un crabe, bientôt imité par Quentin et Wanna.

— Waouh ! fit-il en sortant à l'autre bout. On dirait un arc-en-ciel !

Sous leurs yeux s'étendait un paysage rocheux multicolore : le ruban bleu du ruisseau coulait au milieu de petits cratères qui allaient de l'orange vif au vert foncé. Le tout brillait de mille feux sous le soleil.

— Le raptor est là-bas ! s'écria Quentin en montrant du doigt la queue orangée qui disparaissait dans une petite caverne au-delà des cratères.

— C'est sans doute là qu'il habite, dit Théo en poussant un soupir de soulagement. Pouah ! Mais ça pue les œufs pourris par ici !

— Ça n'a pas l'air de gêner Wanna, observa Quentin.

Le petit dino était en effet parti fourrer son museau dans l'un des cratères d'où s'échappait l'odeur nauséabonde.

— Ça ne m'étonne pas de lui, rigola Théo, il adore tout ce qui sent mauvais !

Wanna inclina la tête de côté et regarda d'un air méfiant le liquide qui remplissait la cuvette rocheuse.

— Tiens, lui aussi, il cherche des crabes ! plaisanta Quentin.

À peine avait-il fini sa phrase que l'eau se mit à bouillonner.

Plop !

Une bulle éclata à la surface en libérant du gaz. L'odeur d'œuf pourri s'intensifia.

— L'eau est brûlante, constata Théo avec un sourire. S'il y trouve des crabes, ils seront déjà tout cuits !

Soudain, il y eut un grand

WOUF !

Wanna recula juste à temps pour ne pas se faire ébouillanter par une colonne d'eau chaude qui jaillit du cratère.

Théo resta figé, hypnotisé par le spectacle.

— Il faut qu'on bouge d'ici ! VITE ! cria Quentin tandis que la colonne d'eau retombait, menaçant de les cuire vifs.

Théo, Quentin et Wanna, qui les suivait de près, bondirent derrière un rocher.

— C'est un geyser, dit Quentin, tout excité. J'en ai vu dans un documentaire sur l'Islande : l'eau est chauffée par de la lave, c'est-à-dire de la roche en fusion, qui vient du centre de la Terre.

Les deux garçons sortirent la tête de leur abri pour voir ce qui se passait. De l'autre côté, près de la cave du raptor, un cratère se mit à crachoter et à bouillonner avant de relâcher un jet de vapeur. Puis, à quelques secondes d'écart, les six autres

cratères crachèrent à leur tour une colonne d'eau brûlante.

— Je comprends mieux pourquoi ce raptor a décidé d'habiter par ici, murmura Quentin. Aucun autre dino n'est assez rapide pour traverser ce champ de geysers entre les éruptions !

— Si on est prudents, on devrait y arriver, nous aussi, déclara Théo. Il faut absolument que je retrouve mon fossilomètre, sinon, il pourrait se fossiliser ! Tu imagines la tête d'un archéologue du futur qui retrouverait un ordi à côté d'un squelette de vélociraptor ? Il suffit juste de retenir l'ordre dans lequel ces geysers crachent leurs jets d'eau !

Les deux garçons observèrent avec attention le champ de cratères.

— Ça y est, je pense que j'ai bien compris, annonça Théo au bout de quelques minutes.

Tout à coup, le silence retomba dans la vallée. On n'entendait plus que la rivière. C'était comme si les geysers n'existaient pas.

— Maintenant ! cria Quentin avant de s'élancer ! le seau serré contre sa poitrine.

Les deux garçons et Wanna sprintèrent. Alors qu'ils dépassaient le premier cratère, qui bouillonnait à nouveau, WOUF ! une colonne d'eau gigantesque en jaillit.

— Attention ! s'exclama Théo.

Les trois amis sautèrent dans le ruisseau et se protégèrent comme ils purent sous une saillie rocheuse. L'eau retomba en gouttelettes brûlantes à quelques centimètres d'eux.

Dès que l'averse s'arrêta, Wanna bondit de leur abri et contourna les deux geysers suivants. Quentin et Théo lui emboîtèrent le pas en esquivant les minuscules jets de vapeur qui jaillissaient du sol.

Juste devant la caverne où s'était réfugié le raptor, un large cratère crachotait des vapeurs nauséabondes.

— Oh-oh ! Geyser sur le point d'exploser ! indiqua Quentin en criant pour dominer le vacarme ambiant.

Ils accélérèrent encore et se jetèrent derrière un rocher à côté de la grotte. Juste à temps !

WOUF !

— On l'a échappé belle ! lâcha Quentin.

Après avoir repris son souffle, il regarda à l'intérieur du seau :

— Le dinocrabe a l'air en forme. Il fait quand même de grands gestes avec ses pinces. Je pense qu'il est énervé.

— Ça ne m'étonne pas, vu comment tu l'as secoué ! rigola Théo.

Il jeta un coup d'œil sur sa montre. Il ne faut pas qu'on traîne ! C'est bientôt la marée haute.

— Si on n'est pas rentrés avant, Grand-Père va partir à notre recherche.

— Chut ! dit Quentin. Wanna a entendu quelque chose.

Le dino s'était aventuré dans l'entrée de la petite grotte. Les deux amis virent soudain sa queue se raidir.

Ack ack ack ack ack ack ack !

Du fond de la caverne provenait un cliquetis aigu. Wanna se retira précipitamment en poussant de petits cris apeurés.

— Cachons-nous ! chuchota Théo.

Ils reculèrent en vitesse derrière le pan de roche, mais le raptor ne se montra pas.

— On va devoir être super prudents, murmura Quentin. C'est la tanière du raptor, et les animaux deviennent très agressifs quand on s'approche de leur refuge.

Ils atteignirent à pas de loup l'entrée du tunnel. Ils aperçurent à quelques mètres de là un gros nid composé de fougères séchées, parmi lesquelles quelque chose brillait dans la pénombre.

— Je ne savais pas que les vélociraptors collectionnaient les objets brillants, comme les pies ! dit Quentin à mi-voix. Tiens, je crois que j'ai repéré ton fossilomètre !

Théo soupira, soulagé.

— Génial ! Ce n'est pas trop tôt, et il n'y a aucun signe du raptor. Il a dû s'abriter au fond de sa tanière. On n'a qu'à reprendre l'ordi, et après, on fiche le camp !

Quentin hocha la tête :

— OK, allons-y !

Ils s'étaient avancés jusqu'au nid, et Théo tendait le bras pour attraper le fossilomètre lorsque quelque chose craqua sous sa chaussure. Il baissa

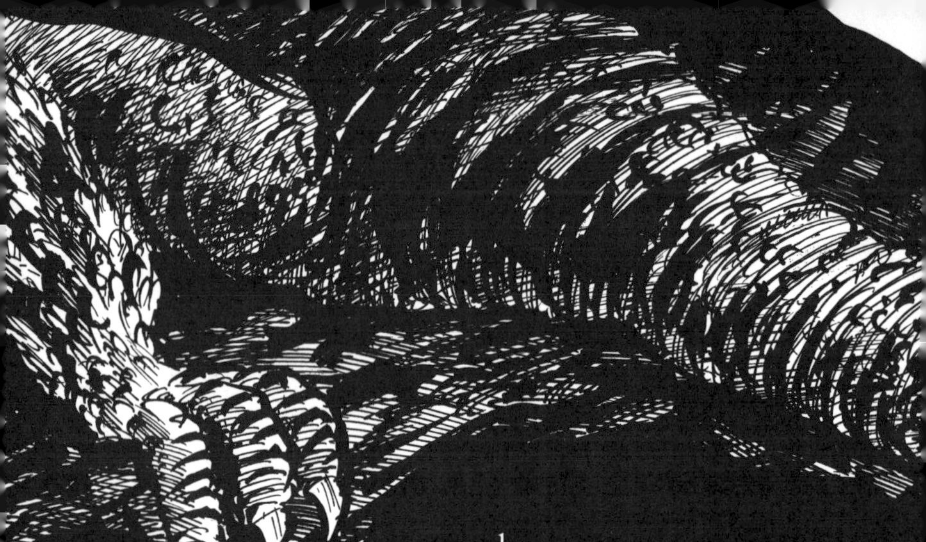

les yeux et découvrit un tapis d'ossements fraîchement rongés.

— Oh-oh ! On dirait un nid d'oiseau de proie ! chuchota Quentin. S'il nous met les griffes dessus, on est fichus…

Théo fut parcouru d'un frisson glacé. Ils n'avaient pas le droit à l'erreur !

Tout à coup, la tête du raptor jaillit de l'obscurité, mâchoires grandes ouvertes…

Ack ack ack ack ack !

Théo sauta en arrière juste à temps.

Clac !

Les mâchoires garnies de dents acérées se refermèrent sur du vide.

— Vite, il faut qu'on se sauve ! cria Quentin.

Il empoigna Théo par le tee-shirt, l'entraîna hors de la grotte et le tira derrière le rocher. Au bout d'un moment, ils tendirent le cou pour voir ce qui se passait, Wanna caché derrière eux.

Ack ack ack ack ack ack ack !

Le vélociraptor poussa son petit cri aigu en replaçant avec précaution le fossilomètre au centre de son nid. Manifestement, c'était vraiment le joyau de sa collection ! À cet instant, le vacarme assourdissant des geysers en éruption noya tous les autres bruits.

— Si on veut récupérer le fossilomètre, chuchota Théo une fois le calme revenu, on a intérêt à éloigner ce voleur de sa tanière.

— Je te signale que ce n'est pas un ankylosaure que l'on peut appâter avec des fleurs, répondit Quentin. Il est carnivore, lui !

Théo regarda le crabe qui s'agitait dans le seau.

— J'ai une idée ! annonça-t-il en fouillant dans son sac à dos.

Il en sortit la ligne à crabes et fixa au bout le reste du lard.

— Super ! dit Quentin avec un large sourire. J'ai encore jamais testé la pêche au dinosaure !

Il grimpa de rocher en rocher jusqu'à la corniche surmontant la grotte et fit lentement descendre le lard jusqu'à ce qu'il soit à la bonne hauteur, à l'entrée du tunnel.

La vallée était toujours silencieuse. Théo et Wanna s'aplatirent du mieux qu'ils purent contre la paroi rocheuse. Le petit dino émit un grognement étouffé.

— Il faut de la patience quand on pêche, lui murmura Théo.

À peine avait-il fini sa phrase que le raptor jaillit du tunnel, les yeux rivés sur le bout de lard. Quentin eut le réflexe de remonter la ligne hors de sa portée. Le raptor déploya les plumes de sa queue et ses pattes, et bondit dans les airs pour attraper l'appât. En vain : il était trop haut !

Quentin redescendit le bout de lard sous le nez du dinosaure furieux, pour le relever aussitôt. Le raptor s'élança de nouveau dans les airs et parvint à effleurer l'appât de ses griffes.

— On dirait un chaton qui joue avec une ficelle, chuchota Théo dans l'oreille de Wanna.

Quentin se mit alors debout sur le parapet rocheux et commença à s'éloigner de la grotte, attirant le dino à plumes.

— Ça marche ! jubila Théo.

Il fonça dans la tanière et récupéra son précieux fossilomètre. Il était sur le point de repartir quand il remarqua le papier d'aluminium qui avait servi à emballer son sandwich. C'était donc le raptor qui l'avait volé, pas Wanna !

« Je ne peux pas laisser ça se fossiliser ici », se dit-il. Il le ramassa et recula. « Jusque-là, tout va bien », se félicita-t-il en arrivant à l'entrée de la tanière. Il sortit prudemment la tête...

Il sursauta : au lieu de la bouille amicale

de Wanna, il découvrit deux yeux reptiliens menaçants.

— OH NON !

Le raptor était déjà de retour ! Il pencha la tête sur le côté, puis émit son cliquetis caractéristique.

Ack ack ack ack ack ack ack !

Sa queue fouettait l'air, ses plumes se hérissèrent. Théo n'en menait pas large. Il était pris au piège !

Ack ack ack ack ack !

— Attention, il se prépare à attaquer ! cria Quentin, à l'abri sur la corniche.

Le pauvre Théo était cloué sur place par la peur. À tout moment, les griffes et les dents pointues du raptor pouvaient le déchiqueter.

Soudain, il entendit derrière lui un grattement. Il se retourna et découvrit… Wanna ! Le petit dino s'était mis en position d'attaque, tête baissée, comme un taureau prêt à foncer.

GROIIINK !

Il s'élança à l'instant même où le vélociraptor se jetait sur Théo.

BLAM !

Le coup de tête de Wanna cueillit le raptor en plein dans le ventre, le faisant tomber à la renverse.

Tandis que le dino à plumes essayait maladroitement de se remettre debout, Théo et Wanna coururent se mettre à l'abri derrière le rocher.

— Attention au crabe ! s'écria Théo.

Trop tard ! Wanna venait de renverser le seau d'un coup de queue. Théo ne put que regarder le crabe s'enfuir de toute la force de ses huit pattes, après lui avoir fait un petit signe de ses pinces. Le gros crustacé se dirigea vers la rivière, sa carapace argentée scintillant au soleil.

Le raptor, toujours un peu sonné, se releva et regarda autour de lui avec un air mauvais. Les plumes de sa queue se dressèrent lorsqu'il aperçut le crabe. Il se jeta à sa poursuite ; mais le crustacé,

très rapide, changeait de direction en permanence, et il avait du mal à le rattraper.

— Ça montre bien que les raptors aiment tout ce qui brille ! cria Quentin, toujours perché en hauteur, tandis que le dino à plumes continuait sa course.

Clac !

Une fois de plus, les mâchoires du raptor se refermèrent sur le vide.

« Le dinocrabe n'a aucune chance contre un monstre comme ça ! » se dit Théo. Quelle ne fut pas sa surprise de voir le crabe se rebeller ! Il pivota, brandit ses grosses pinces, fonça sur le raptor et lui pinça le mollet.

ACK ! Le raptor recula sous l'effet de la stupeur et de la douleur.

— Hip, hip, hip, hourra pour le dinocrabe ! clamèrent les deux amis.

Leur protégé repartit en direction du ruisseau, sauta dedans et

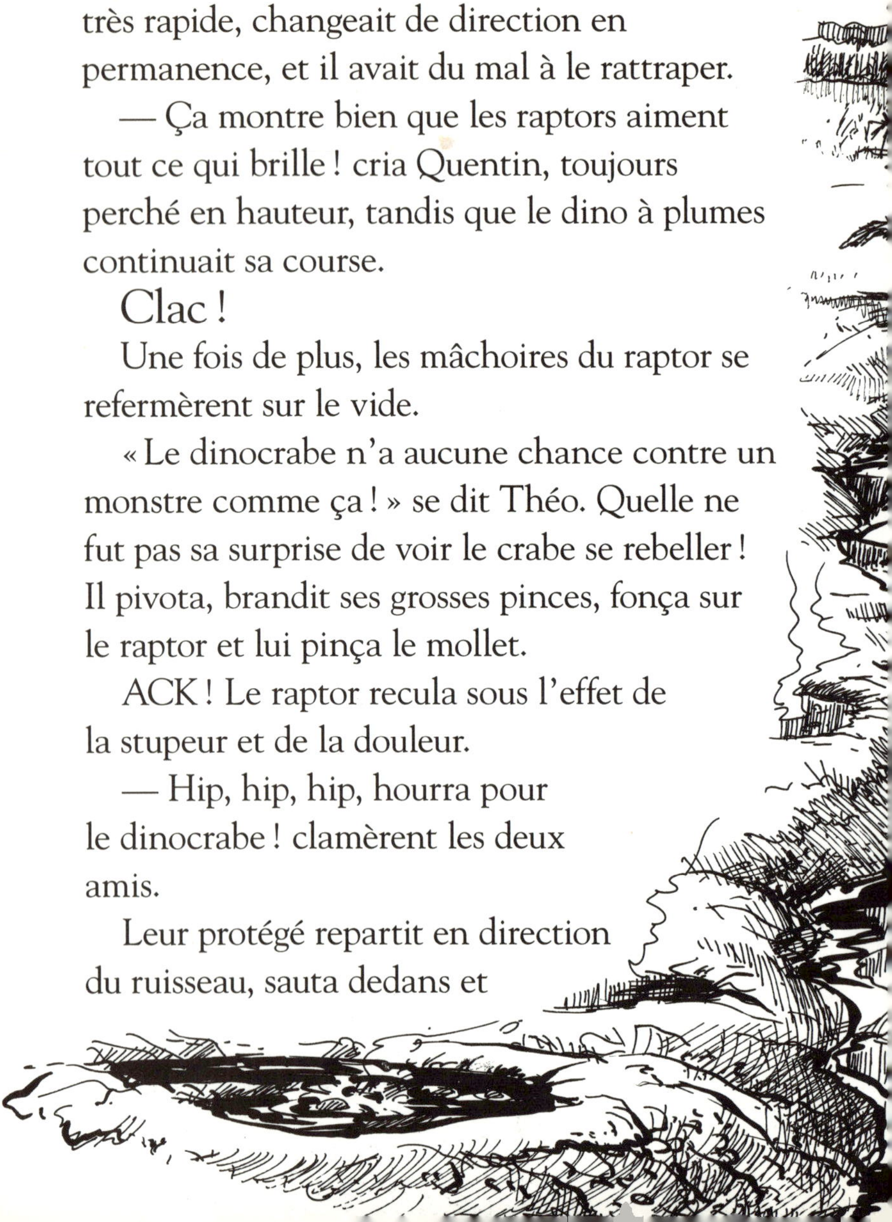

se laissa dériver vers le Lagon Brumeux.

Le dino, têtu, n'abandonna pas pour autant et longea la rive. Le champ de geysers se remit à cracher ses colonnes d'eau bouillante, et le raptor dut se livrer à des cabrioles hilarantes pour éviter de se faire brûler.

— Notre crabe se débrouille très bien, rigola Quentin. Le raptor a trouvé un adversaire à sa taille !

Théo jeta un coup d'œil sur sa montre.

— Aïe ! On ferait mieux de rentrer dare-dare !

— T’inquiète pas ! D’ici, on voit la colline du Ginkgo. Il suffit de traverser les grandes plaines, et on y est, lui cria Quentin de son perchoir.

— Génial ! répondit Théo en empoignant le seau.

Il rejoignit son ami sur la corniche, suivi de près par Wanna. Une fois en haut, ils virent en effet le sommet verdoyant de la colline.

— Heureusement qu'on n'a pas à retraverser le champ de geysers ! s'exclama Quentin.

Ils grimpèrent jusqu'au sommet de la colline abritant la grotte du raptor. Théo fit une pause et mit sa main en visière pour repérer leur chemin de retour. Il aperçut un troupeau de petits dinos cuirassés, dotés d'une collerette et d'un bec-de-perroquet, qui broutaient paisiblement dans un massif de fougères.

Il sortit le fossilomètre, dont l'étui métallique

portait les marques des dents du raptor. Il essuya d'un revers de manche des traces de bave du dino, puis retira le cache.

— Ouf ! souffla-t-il, il marche encore !

Il tapa les mots « COLLERETTE » et « BEC ».

— PROTOCÉRATOPS, lut-il à haute voix. Ça va, ils sont totalement inoffensifs.

Rassuré, il rangea l'ordi ainsi que la ligne à crabes, puis reprit :

— En plus, s'ils paissent tranquillement, ça veut dire qu'il n'y a pas de dinos carnivores aux alentours.

Wanna secoua sa tête plate, comme pour montrer qu'il était d'accord, puis partit en éclaireur vers la colline du Ginkgo, suivi de Quentin. Théo pressa le pas pour les rejoindre.

— Il a l'air de connaître tous les chemins, nota Quentin.

Le petit dino se frayait un passage à travers le troupeau de protocératops puis se faufilait parmi les amas de pierres qui jonchaient la plaine.

Sur ses traces, les deux amis franchirent le ruisseau et entamèrent la montée de la colline au milieu des conifères.

Une fois au sommet, Théo consulta sa montre.

— On va rentrer à temps pour le rendez-vous avec Grand-Père, dit-il en caressant le crâne de Wanna. Salut, mon gars ! À la prochaine, et désolé de t'avoir accusé pour le sandwich.

Théo cueillit quelques fruits de ginkgo pour se faire pardonner et les donna au petit dinosaure,

qui les engloutit goulûment, une fois bien installé dans son nid.

— Allons-y ! dit Quentin. Il mit ses pieds dans les empreintes et recula pas à pas. Quelques instants plus tard, il retrouvait l'obscurité de la caverne des Contrebandiers. Quand Théo y apparut à son tour, ils se précipitèrent dehors. Les vagues avaient déjà atteint le pied des rochers.

— Vite, s'écria Quentin, la plage va être submergée d'une minute à l'autre !

Lorsqu'ils arrivèrent, à bout de souffle, l'écume commençait à lécher les rochers.

— Juste à temps ! cria Théo en pataugeant dans l'eau peu profonde pour traverser la crique.

— Ohé, les enfants !

Grand-Père leur faisait de grands signes du bras depuis un éboulis de pierres en contrebas du phare.

— Alors, vous êtes prêts pour la pêche au crabe ? demanda-t-il quand ils l'eurent rejoint.

— Seulement à condition qu'il n'y ait pas de geysers ou de raptors ! chuchota Quentin à l'oreille de Théo.

Celui-ci décocha un large sourire à son grand-père.

— Coucou, Grand-Père ! Tu peux compter sur nous, on est toujours prêts pour vivre de nouvelles aventures !

LE MONDE DES DINOS
ITINÉRAIRE DE QUENTIN ET DE THÉO
Jungle
Lagon Brumeux
Océan Laiteux

Montagnes du Bout de l'HoriZon
Cascade du Gros Croc
Pic du Croc
randes Plaines
Colline du Ginkgo

GLOSSAIRE

Ankylosaure. Grand dinosaure herbivore, célèbre pour son corps cuirassé et sa queue en forme de massue. Sa carapace était constituée de larges bosses osseuses comme celles qu'on trouve sur la peau des crocodiles aujourd'hui.

Fossilomètre. Ordinateur de poche bourré d'informations sur les dinosaures.

Geyser. Source d'eau rendue bouillante par l'activité volcanique de la Terre. Les geysers entrent parfois en éruption, crachant de hautes colonnes de vapeur et d'eau brûlante.

Ginkgo. Cet arbre est apparu en Chine. C'est un « fossile vivant » : on en a retrouvé des spécimens datant de plusieurs millions d'années, et il existe toujours aujourd'hui. Il est aussi connu sous le nom d'arbre à boules puantes, à cause de ses fruits qui sentent fort.

Protocératops. Dinosaure herbivore à corne doté d'une grosse tête entourée d'une collerette. Son bec ressemble à celui d'un perroquet. Le protocératops était moitié moins grand qu'un tricératops.

Tricératops. Dinosaure herbivore qui se reconnaît à ses trois cornes. C'est l'ancêtre du rhinocéros.

Tyrannosaurus Rex (appelé aussi T-Rex).
Dinosaure qui ne se nourrissait que de viande. Il possédait une très grande queue et deux pattes solides, mais ses bras étaient minuscules. C'était l'un des animaux les plus terrifiants de la préhistoire.

Vélociraptor. L'un des dinosaures carnivores les plus malins et les plus rapides. Les raptors avaient à peu près la taille d'un dindon ; et leurs pieds étaient munis d'une grosse griffe recourbée.

Wannanosaure. Ce petit dinosaure était végétarien. Il utilisait son crâne, dur comme de la pierre, pour se défendre en cas d'attaque. Son nom provient de la ville de Wannano, en Chine, où on a retrouvé ses os fossilisés.

Dégagez le passage !

Je charge dans le tome 6 !

Découvre vite un extrait de

La chute des météorites

le tome 6 de

LA GROTTE DES DINOSAURES™

Théo Girard se sentait tout petit face à l'énorme dinosaure qui se dressait au milieu de la salle du musée.

— T'as vu ça ? lança-t-il à Quentin, son meilleur ami. Un edmontosaure grandeur nature ! C'est génial !

Le gigantesque squelette occupait presque tout l'espace du rez-de-chaussée du phare où habitait Théo. Il se tenait, menaçant, sur ses pattes arrière ; sa queue épousait la courbe des murs. Son bec de canard touchait le plafond.

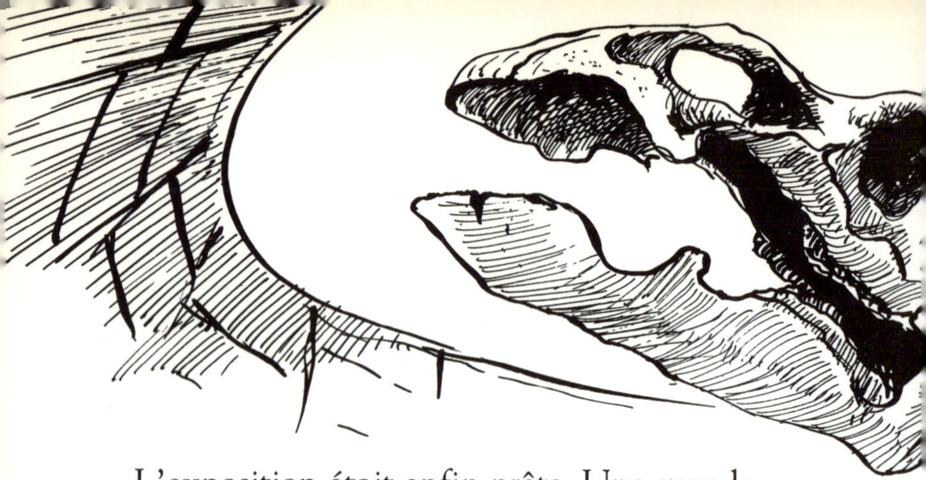

L'exposition était enfin prête. Une grande bannière déployée à l'extérieur du phare annonçait : **Inauguration du musée de la baie des Dinosaures, aujourd'hui, treize heures**. La foule était déjà nombreuse à se presser à la porte.

FLASH ! FLASH ! FLASH !

Quentin et Théo clignèrent des yeux : la journaliste du quotidien local prenait l'edmontosaure en photo sous tous les angles. Ils reculèrent de quelques pas.

— Non, non, les enfants ! dit-elle en leur faisant signe d'approcher. Mettez-vous à côté, comme ça, les lecteurs auront une idée de la taille de cette bête gigantesque.

Elle enchaîna les clichés, puis appela le papa de Théo et le photographia devant la maquette du crétacé supérieur.

Quentin se frotta les paupières.

— J'ai des étoiles dans les yeux maintenant ! se plaignit-il en riant.

— Imagine combien elle prendrait de photos si elle voyait un edmontosaure en chair et en os ! lui dit Théo.

— On n'en a pas encore vu de près, nous non plus, remarqua Quentin.

— Ça ne devrait pas tarder maintenant, chuchota Théo en faisant un clin d'œil à son ami.

Les deux copains partageaient en effet un incroyable secret : ils avaient découvert le monde des dinos, un lieu peuplé de dinosaures vivants, et y allaient dès qu'ils le pouvaient.

— Je me demande pourquoi on n'en a pas encore croisé, fit Quentin.

— Mon ordi va nous dire où les chercher,

répondit Théo en sortant son fossilomètre. Il tapa « edmontosaure » sur le clavier.

— « *HERBIVORE*, lut-il sur l'écran, *IL SE NOURRISSAIT DE FEUILLES ET DE BRANCHES. IL SE DÉPLAÇAIT LENTEMENT EN MARCHANT SUR SES PATTES ARRIÈRE.* » Comme notre squelette !

— Et où vivait-il ? voulut savoir Quentin.

— Il se cachait dans les forêts. C'était le meilleur moyen de se défendre contre les prédateurs.

— Ah ! C'est pour ça qu'on n'en a pas encore vu. Ils se planquent tout le temps. Voilà notre prochaine mission : dénicher les edmonts !

Théo rangea son mini-ordi dans son sac à dos, une lueur malicieuse dans les yeux.

— Je vais demander à papa si on peut aller se promener, annonça-t-il.

Quentin lui sourit :

— Tu penses à ce que je pense, n'est-ce pas ?

— Ouais ! C'est l'heure de repartir pour le monde des dinos !

Le papa de Théo était toujours en pleine séance photo, posant à côté du crâne de tricératops. Les deux amis coururent donc voir Grand-Père.

Celui-ci était en train de contempler son reflet dans une vitrine, l'air mécontent.

— Regardez-moi ça ! grogna-t-il avant que Théo n'ait eu le temps d'ouvrir la bouche.

Quelle idée de se déguiser en pingouin ! Je préférerais porter mes vêtements de tous les jours ! Je suis ridicule !

— Mais non, papy ! Tu es super élégant ! le rassura Théo. Je suis certain que tout le monde va t'admirer, au lieu de regarder l'exposition.

— Espèce de petit flatteur, va ! rigola Grand-Père en ajustant sa cravate. Ils vont plutôt me prendre pour un vieux fossile, oui ! Au fait, qu'est-ce que vous vouliez me demander ?

— Oh, rien de spécial. On se disait juste avec Quentin que, comme tout était prêt maintenant pour l'inauguration, on pourrait peut-être aller se balader un peu...

Grand-Père jeta un œil sur l'horloge en forme d'ankylosaure. Elle indiquait neuf heures et quart.

— Ça me semble faisable, à condition que vous soyez de retour à treize heures tapantes.

Et vous n'oublierez pas de vous faire beaux pour la cérémonie !

— Merci, papy !

Théo attrapa son sac et se précipita dehors, suivi de près par Quentin.

Ils traversèrent la plage en courant, puis escaladèrent les rochers qui s'entassaient devant l'entrée de la grotte. Après avoir vérifié si personne ne traînait dans les parages, ils s'y engouffrèrent, tout excités.

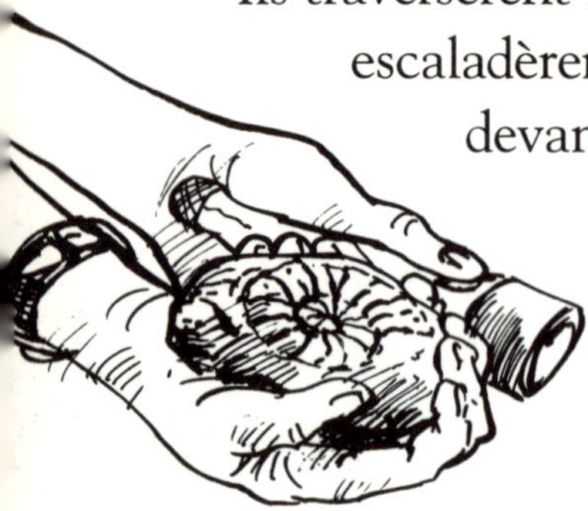

Théo plongea la main dans son sac pour prendre sa lampe torche, mais sa main se referma sur un objet dur :

— Regarde ! C'est l'ammonite que j'ai trouvée le jour où je suis arrivé ici.

— Le jour où on a découvert le monde des dinos ! se souvint Quentin.

Théo remit l'ammonite au fond du sac et sortit sa torche. Ils se glissèrent dans le passage au fond de la grotte. Deux minutes plus tard, ils se retrouvèrent dans la deuxième chambre. Théo éclaira les empreintes fossilisées sur le sol. Il ressentit le même frisson d'excitation que les fois précédentes.

— Et c'est reparti pour un tour ! annonça-t-il en mettant ses pieds dans les traces des dinosaures.

Un… deux… trois… quatre… CINQ !

La grotte obscure disparut d'un coup pour laisser place à la luminosité et à la chaleur moite du monde des dinos.

— Je suis super content de revenir ici ! s'écria Quentin, embrassant du regard les immenses arbres de la jungle touffue qui s'étendait à leurs pieds.

Il se tut, étonné : au lieu du bourdonnement habituel des insectes et des lointains mugissements des dinos, un silence complet régnait sur la plaine.

— Écoute ! dit Théo.

Quentin tendit l'oreille en retenant son souffle.

— J'entends rien du tout ! répondit-il.

— Justement ! Ça veut dire qu'il y a quelque chose qui cloche !

[...]

Cet ouvrage a été composé par
PCA - 44400 REZE

Cet ouvrage a été achevé d'imprimer en
dans les ateliers de Normandie Roto Impression s.a.s.
61250 Lonrai
N° d'impression : 102627
Dépôt légal : mai 2009
Suite du premier tirage : septembre 2010

Imprimé en France

POCKET jeunesse
12, avenue d'Italie
75627 PARIS Cedex 13